Claudia Konrad

Die Autorin wurde 1965 in Göttingen als Ur-Ur-Enkelin des *Freiherrn Johann Benjamin Konrad von Budzinski* geboren. Im Frankenland aufgewachsen, lebt sie heute im Nordschwarzwald.
Im Sternzeichen Zwilling das Licht der Welt entdeckt, schreibt sie der einen Hälfte die Motorradreisebücher und die humorvollen Kurzgeschichten zu. Die andere ist für den *pensionierten Hauptkommissar Wellendorf-Renz* zuständig, der seit 2009 in ihren Kurzkrimis ermittelt.

www.written-by-claudia.de
www.goldstadt-autoren.de

Claudia Konrad

Gespickte Alltagsfetzen

bissige Kurzgeschichten

Bibliografische Information der Deutschen Nationalbibliothek:
Die Deutsche Nationalbibliothek verzeichnet diese Publikation in der
Deutschen Nationalbibliografie; detaillierte bibliografische Daten sind im
Internet über http://dnb.dnb.de abrufbar.

© 2015 Claudia Konrad
Lektorat: textREIN, Ursula Gassler, Königsbach-Stein

Herstellung und Verlag:
BoD – Books on Demand, Norderstedt

ISBN 978-3-7347-6961-0

Inhaltsverzeichnis

Wenn die Arbeit zur Qual wird ……………………….7
2009

Wann öffnen endlich die Türen ……………………..19
2009

Lunchbestellung …………………………………………23
2011

Kurz vor Weihnachten, dem Volk
aufs Maul geschaut …………………………………….30
2011

Auf der Autobahn …………………………………….41
2014

Athene ……………………………………………………..46
2014

7 aus 53 …………………………………………………..53
2015

Danke ……………………………………………………..62

Quellen …………………………………………………..63

Weitere Werke …………………………………………64

Wenn die Arbeit zur Qual wird

Peter, achtundvierzig, leicht angegrautes, volles Haar, ist seit achtzehn Jahren verheiratet und hat zwei Kinder, ein Mädel und einen Bub. Er ist von hochgewachsener Gestalt, sein Body perfekt durchtrainiert und muskulös. Ein prima Typ mit gesichertem Job. Bei seinen Kunden ebenso beliebt wie bei einigen Kollegen. Jedem kann und will er es auch nicht recht machen. Er sagt nicht *ja*, wenn er *nein* sagen will, eigentlich sagt er immer das, was er denkt. Frei heraus und sehr direkt.

Er hat sich mit seiner Frau ein gemütliches Nest im eigenen kleinen Einfamilienhaus in Bauschlott geschaffen. Die Kinder sind gut versorgt, in Job und Studium. Täglich ist er vierzig Minuten mit dem Bus nach Pforzheim unterwegs. Inka, seine attraktive Frau, wartet jeden Abend mit dem Essen auf ihn.

Leider kommt Peter kaum vor einundzwanzig Uhr nach Hause. Er könnte früher gehen, wenn die Organisation in seiner Firma nur besser und gerechter wäre. Jeder Mitarbeiter muss so lange bleiben, bis alle Kollegen ihre Arbeit fertig haben. Wenn aber diese Kollegen, meist Singles, trödeln oder lieber Rauchpausen machen, statt sich zu bemühen, pünktlich ihrem Feierabend entgegenzusehen, bekommt Peter einen achteckigen Hals.

Den Chef kümmert das nicht wirklich. Vielleicht ist er nicht gerne bei seiner Familie? Vielleicht nerven ihn seine zwei Kinder? Vielleicht seine Frau? Wer weiß das schon?

Wenn man dann schon mal wütend ist, kommen auch noch die richtigen Themen dazu.

Überstundenbezahlung für Mitarbeiter? Fremdwort!

Wegegeld für Mitarbeiter? Fremdwort!

Beim Chef sieht es da schon anders aus.

Ja, Überstundenbezahlung gab es einmal, vor acht Jahren. Heute nennt man das Geschäftsinteresse.

Es ist immer viel zu tun, der Job auch ganz schön stressig. Prima, liebe Stammkunden, die einem allein mit ihrer Art und einem Lächeln den Tag verschönern können – gefolgt von tobenden, unzufriedenen Menschen, die dich am liebsten für ihr Dasein verantwortlich machen möchten. Und dann ist da noch die Kategorie, die sich grundsätzlich nicht an Öffnungszeiten halten kann oder will: *Wie, Sie schließen schon? Warum das denn?*

Der Kunde ist König! Eine allgemeine Dienstleister-Philosophie! Aber darf man sich denn wirklich alles erlauben? Die Kollegen sind sich einig: Wir sind jedenfalls nicht so!

»Freundlichkeit und gegenseitiger Respekt sollte eine Grundvoraussetzung im Alltag sein! Vielleicht machte sich deshalb die Wirtschaftskrise 2009/10 nicht wirklich bemerkbar«, meinte Jochen an die Kollegen gerichtet.

»Wen juckt das schon, unsere oberen Herren in der Zentrale doch nicht! Im Gegenteil, die Umsatzerwartung wird Jahr für Jahr höhergeschraubt, und wenn wir das Soll nicht erreichen, schicken sie uns wieder diese Schulungsfuzzis, als würden die es rausreißen«, echauffierte sich Hartmuth.

»Werbung, Sonderaktionen, immer mehr Arbeit mit gleichem Lohn. Wehe, da wird einer krank«, warf Conny ein.

Vor Jahren haben die Kollegen sich hierzu etwas ausgedacht:

Krankheit ist keine Entschuldigung, nicht auf der Arbeit zu erscheinen. Auch ein Attest des Arztes ist kein Beweis. Wer in der Lage war, den Arzt aufzusuchen, hätte auch zur Arbeit kommen können.

»Warum lasst ihr euch solche Schikanen gefallen?«, wollte Inka von ihrem Mann wissen.

»Was sollen wir dagegen tun? Jeder der Vorgesetzten ist darauf bedacht, sein eigenes Schäfchen ins Trockene zu bringen, koste es, was es wolle. Da wird gelogen und betrogen, bis sich die Balken biegen. Damit sind nicht nur die Filialleiter gemeint. Nein, auch die sogenannten Regionalleiter gehören dazu.

Du glaubst doch nicht ernsthaft, dass eine Krähe der anderen die Augen aushackt. Da herrscht das Motto: ›Immer schön die Füße stillhalten, sonst rollen Köpfe.‹ Nach Bedarf bekommt man das auch zur Einschüchterung ins Gesicht gesagt. Nein, mein Schatz, wir sind zu klein und zu unwichtig«, gab er verbittert zurück. »Silke war letztes Jahr drei Wochen im Krankenhaus und danach nochmals drei Wochen auf Reha. Zu ihrem Pech fing sie sich im Herbst die Grippe ein und lag zwei Wochen flach, du erinnerst dich?

Unser Chef bat sie gestern in sein Büro und hielt ihr einen Fragebogen von der Zentrale unter die Nase. Sie sollte unter anderem beantworten, wie das Unternehmen zur Arbeitsplatzerhaltung beitragen kann und ob die Krankheitstage wirklich notwendig waren. Stell dir das mal vor. Denen muss doch der Kittel brennen. Scheiß auf die Maschinerie der Wiedereingliederungsmaßnahmen, wo bleibt die Menschlichkeit? Die tageweisen Blaumacher grinsen darüber«, schimpfte Peter gnadenlos.

Er sah seine Frau über den Brillenrand hinweg an und nahm einen kräftigen Schluck Bier.

»Dachte, die Krankheitsskandale würden sich auf die Lebensmittel-Discounter, Drogeriemärkte und das Schienenunternehmen beschränken. War doch ständig in den Medien«, sagte Inka nachdenklich.

»Wo denkst du hin, meine Liebe? Ich würde zu gerne Einsicht in meine Personalakte nehmen, was da so drinnen steht.«

»Was meinst du?«

»Na, vermutlich noch alle Reklamationen und Testkäufe.«

»Hey, jetzt übertreibst du aber«, warf Inka ein.

»Ich untertreibe höchstens.« Damit stand er auf, um sich eine Dose Bier aus dem Kühlschrank zu holen. »Willst du auch noch eine?«

»Ja, bitte. Wie hat Silke eigentlich reagiert?«

»Du kennst sie ja, erst war ihr Puls auf 180, dann siegte der Sarkasmus. Warte, sie hat vor Zorn etwas aufgeschrieben.«

Peter kramte in seinem Rucksack und zog einen Zettel aus der Tasche. Er nahm einen Schluck Bier und las vor: »Wir möchten Sie dringend bitten, sich jeden Gedanken an eine OP aus dem Kopf zu schlagen. Wir sind der Meinung, solange Sie bei uns angestellt sind, benötigen Sie alles, was Sie haben und dürfen nichts entfernen lassen. Es könnte Ihre Arbeitskraft mindern und verstieße gegen den mit Ihnen geschlossenen Arbeitsvertrag.«

Peter sah Inka feixend an, bis schließlich beide in schallendes Gelächter verfielen.

»Wenn ich es mal krass ausdrücken darf, unser Chef hat sich dahingehend verändert, dass er jeden gegen jeden ausspielt, Mobbing schürt und selbst Bullying und Bossing betreibt. Und der Knaller an der Geschichte ist, die Zentrale weiß das, vertuscht und ignoriert die Machenschaften der guten Zahlen wegen. Wer leidet, sind die Mitarbeiter. Nicht nur unsere Wirtschaft krankt, die Gesetze sind marode und Deutschland schafft sich ab, mit dieser Aussage hat Sarrazin schon Recht.«

»Peter, du driftest ab«, flüsterte Inka sanft.

»Ha, ich bin gerade in Fahrt. Schau dir doch den ganzen Polit-Bullshit an: Stuttgart 21, die Aufdeckungen auf der Plattform WikiLeaks und die Unfähigkeit, ein Endlager für den Atommüll zu finden und ...«

Peter nahm einen großen Schluck Bier, stand auf und schaute nachdenklich durch das Wohnzimmerfenster in den Garten.

Plötzlich fragte er: »Warum verkaufen wir nicht das Haus und wandern aus?«

»Was?«, rief Inka erstaunt. »Du bist achtundvierzig Jahre alt, was hast du vor?«

»Klar bin ich achtundvierzig, schön, dass du mich daran erinnerst«, gab er beleidigt zurück. »Deutsche Facharbeiter, wie zum Beispiel Augenoptiker, sind zum Glück immer noch gefragt. Ich werde schon was finden. Werde mich einfach mal auf die Suche machen!«

»Und die Kinder?«

»Inka, die sind erwachsen. Susanne hat ihren Job und Jens kommt gut im Studium zurecht. Wir suchen ihm eine Studentenbude, stellen beiden eine Waschmaschine und ein Bügeleisen hin und gut ist. Schau, sie gehen eh ihre eigenen Wege. Seit Tagen haben wir sie nicht gesehen.«

Inka schluckte schwer. Sie liebte ihren Mann über alles, aber die Kinder verlassen? Das konnte sie sich nicht vorstellen. »Was ist mit deinem Chef, der baut doch auf dich?«

»Klar, der baut auf uns alle, damit er uns noch mehr melken kann. Der kriegt den Kragen nicht voll und hat seine Menschlichkeit verloren. Ich muss aus der Firma raus, bevor ich durchdrehe!«

In den folgenden Monaten recherchierte Peter wie ein Besessener und fand tatsächlich einen Job in Südtirol. Inka hingegen weinte sich die Augen aus, sie konnte sich mit den Trennungsgedanken nicht abfinden. Die Kinder, das Haus, die Freunde.

Peter schrieb ein Gedicht für sie, es sollte sie trösten und auch gleichzeitig in seine Seele Einblick verschaffen. Er steckte das Gedicht in einen Blumenstrauß und ließ ihn per Fleurop an seine Frau liefern. Völlig überrascht stellte Inka die

Blumen in eine Vase, ließ sich einen Kaffee aus der Maschine und verzog sich mit dem Brief ihres Mannes in den Garten zum Lesen.

Zur selben Zeit saß Peter im Büro seines Vorgesetzten.

»Chef, ich kündige zum Quartalsende. Ich habe noch drei Wochen Urlaubsanspruch, also sehen wir uns exakt noch drei Wochen.« Grinsend übergab er ihm das Kündigungsschreiben.

»Waaas?«, schrie sein Boss los. »Das können Sie nicht machen!«

»Ach, sind wir wieder mal per Sie? Na klar kann ich, sehen Sie doch«, sagte Peter und konnte sich das Grinsen immer noch nicht verkneifen.

»Sie gehen erst, wenn Sie mir Ersatz gebracht haben, so geht das nicht«, tobte der Filialleiter.

»Dass ich nicht lache. Nach fünfzehn Jahren Zusammenarbeit fällt Ihnen nichts als Schwachsinn ein. Was ist bloß aus Ihnen geworden?«

»Wenn ich mich ständig mit so einem Mist herumschlagen muss ...«

»Chef, mit Verlaub: Sie sind die Stradivari unter den Arschgeigen!«, schleuderte Peter ihm genüsslich an den Kopf.

Minutenlanges Schweigen und bitterböse Blicke voller Hass durchzogen den Raum. Ohne ein weiteres Wort verließ der Boss das Büro. Peter bog sich vor Lachen. Er fühlte sich gut – so gut wie selten zuvor.

Inka indes entfaltet das Briefpapier und las:

Erkenntnisse

Es tut oft weh in reifen Tagen,
zu lauschen einem Instrument.
Bei jedem Ton erklingen Fragen,
die Antwort fehlt mir im Moment.

Die Melodie hört' ich nur leise,
umspülte zärtlich mein Gemüt.
Ich kannte diese schöne Weise,
in meiner Seele ich sie hüt'.

Es war das Lied der großen Liebe,
erklang damals fast nur in Dur.
Erweckte ungestüme Triebe,
ein Märchen: Wolke sieben pur!

Von mir so töricht, nicht zu glauben,
dass manche Saite sich verstimmt.
Es kann so viele Jahre rauben,
eh' in den Brunnen fällt das Kind.

Die Sinfonie klingt dann bedrückend,
spielt man erst Dur, dann dunkles Moll.
Disharmonie wirkt nie beglückend,
sie mitzuspielen, führt zu Groll!

Vernehme nach dem langen Schweigen
die Töne klar in meinem Ohr:
Die Stradivari ruft zum Reigen,
sie zaubert Liebe neu hervor!

Ich darf sie alle wieder spielen,
die alten Weisen klingen zart.
Ein Lied ist neu von diesen vielen,
verändert meine Lebensart.

Da haben Ängste nichts zu suchen,
für immer nun der Schmerz passé.
Mein Glück, das will erneut ich buchen,
der Einsamkeit sag ich: Ade!

Inka legte das Blatt zusammen. Tränen rannen über ihr Gesicht.

Ein neuer Abschnitt kann beginnen, wenn die Arbeit zur Qual geworden ist.

Es gab einmal eine schöne Fernsehwerbung, die da hieß:

Morgens um halb zehn in Deutschland

Ich mache daraus:

»Morgens um viertel nach neun in Pforzheim.«

Von meinem Arbeitsplatz aus habe ich einen tollen Blick auf das allmorgendliche Spektakel vor einem Kaufhaus.

Seit Jahren öffnet dieses Kaufhaus, wie die meisten anderen Geschäfte auch, um halb zehn. Mann/Frau weiß das eigentlich – eigentlich!

Mein Kollege Markus und ich schließen, wie fast jeden Morgen, eine Wette ab, wer den heutigen *Türrun* gewinnen wird.

Wird es der ältere Herr mit seinem Jagdhut sein oder doch die schlanke, hochgewachsene Brünette? Da kommt von rechts schwungvoll Oma Heiderose mit ihrem Rollstuhl angebraust. Noch ein Stück vor und: Jawohl, der Herr mit

Jagdhut macht Platz – auch die Brünette springt auf die Seite.

Geschafft!

Oma Heiderose wird die Erste sein; wenn da nicht Familie Özdeumiz mit Kind und Kegel, also Papa, Mama, Opa, Oma und zwei Cousins, zielstrebig auf die Türen zusteuerten.

»Wie, noch zu? Was das?«, raunt Opa.

»Es ist erst zehn vor halb zehn«, gibt die Brünette freundlich von sich. Die Özdeumiz glauben das allerdings nicht und schütteln und rütteln kräftig an der Tür.

Durch diese Aktion wird Oma Heiderose in die zweite Reihe verbannt.

Ein Pulk schnatternder Italienerinnen nähert sich.

Die Bibelheftchen-Verteiler sind auch schon unterwegs und belagern das rechte sowie das linke Schaufenster des Kaufhauses. Sie finden allerdings keine Beachtung.

Die Multi-Kulti-Menschentraube ist auf mittlerweile zwanzig Menschen angewachsen.

Es ist drei Minuten vor halb zehn.

Nicht mehr lange und die elektrischen Schiebetüren öffnen sich.

Mutter Batjenkow stürmt mit ihren vier Kindern gen Tür. Dabei rempelt sie einen Bibelheftchen-Verteiler an, dem ein paar Exemplare auf den Boden fallen. Unbeirrt dessen, setzt sie ihren Weg fort. Sie schubst eine Italienerin gegen den Herrn mit Jagdhut, stolpert über den Rollstuhl von Oma Heiderose und findet sich in den Armen von Papa Özdeumiz wieder. Oma Özdeumiz ist kurz vor einem Herzinfarkt.

»Allah, Allah«, entfleucht es ihr.

Die Italienerinnen fuchteln fluchend mit kreischenden Stimmen und erhobenen Armen herum. Oma Heiderose hingegen legt ruckartig den Rückwärtsgang ein.

»Nichts wie raus aus dem Gewühl«, ruft sie.

Dicht an die Glasscheibe des Schaufensters gedrängt, hält sich die Brünette am Herrn mit Jagdhut fest. Sie hat ein blutendes Knie. Ist sie gestürzt?

Die Menschentraube hat sich auf etwa fünfunddreißig Drängler erhöht.

Punkt halb zehn.

Die ersten vier Zentimeter der Türe sind geöffnet und los geht's:

Hassan, der kleinste Özdeumiz, wird als erster durchgequetscht. Die nächsten schieben sich drückend und drängelnd vorwärts.

Mutter Batjenkow klebt mit ihrer Nase an der Scheibe und hinterlässt einen unschönen Schmutzfleck. Die Elektronik der Türen ist allerdings schneller als sie sich aufrappeln kann. Mit einem kräftigen Rums landet sie bäuchlings im Eingangsbereich.

Der Blick des Sicherheitsmannes spricht Bände.

Oma Heiderose hat sich indes mit Hans-Peter angefreundet, dem Herrn mit Jagdhut. Hans-Peter lächelt sie liebevoll an. Sie stehen da, so ganz ohne Eile, vor der Tür.

Die hochgewachsene Brünette wird tränenüberströmt von einem herbeigeeilten Kumpel weggeführt.

Ein ganz normaler Morgen, nichts Besonderes.

»Und was bekommen wir morgen geboten?«, fragt Markus lachend.

Was wird schon sein: »The same procedure as every day.«

Oder: »Und wieder grüßt das Murmeltier!«

Lunchbestellung zweier Freundinnen

Chemielabor Oberlächler in Stauffenstein, 11:15 Uhr:

Die Chemielabortechnikerin Petra Hinterbichler telefoniert mit ihrer Freundin Angelika van der Mühle, verantwortliche Mitarbeiterin des Ministeriums für Lebensmittelkontrolle und Etikettierung.

»Grüß dich, Angelika, ich rufe wegen der neuen Lebensmittelkennzeichnungen für Inhaltsstoffe an, hast du die Überarbeitung schon fertig?«

»Servus, Petra. Ja, du hast Glück, ich bin soeben fertig geworden. Soll ich sie dir später vorbeibringen?«

»Super! Wir könnten aber auch gemeinsam zu Mittag essen. In der *Jauffenbeiz*? So gegen 12 Uhr 30? Da kannst du die Unterlagen gleich mitbringen.«

»Gute Idee, mein Magen knurrt schon jetzt wie verrückt, aber ich schaffe es erst auf 13 Uhr.«

»Kein Problem, bis später.«

Jauffenbeiz, 13:15 Uhr:

Petra und Angelika haben es sich in der Bauernstube der *Jauffenbeiz* gemütlich gemacht und als erstes die Speisekarte studiert.

Petra gibt der Kellnerin ein Zeichen, woraufhin sich diese sogleich in Bewegung setzt.

»Haben Sie schon gewählt?«

»Ja, ich hätte gerne eine Portion Stabilisatoren: Natriumcitrat, Natriumtartrat, Natriumacetat, Natriumdiphosphat mit dem Geschmacksverstärker Mononatriumglutamat und dem Antioxidationsmittel Ascorbinsäure, vergessen Sie nicht den Konservierungsstoff Natriumnitrit. Dazu etwas Schweinefleisch, Kalbfleisch, Speck, Trinkwasser, Speisesalz, Senf und Dextrose.

Dann bitte eine Portion Geschmacksverstärker. Da hätte ich gerne wieder Mononatriumglutamat mit etwas Aroma, als Antioxidationsmittel nehme ich Natriumascorbat, den Stabilisator Natriumdiphosphat, den Konservierungsstoff wie gehabt. Dieses Mal bitte zum Schweinefleisch etwas Speisesalz, Glucosesirup und ein paar Kräuter.

Außerdem eine Portion Schweinefleisch mit Speck, Speisesalz, Gewürzen, Glucose und Dextrose.

Hm, was nehme ich noch dazu?

Ach ja, nochmals den Geschmacksverstärker Mononatriumglutamat, das Verdickungsmittel Xanthan, und ich hätte gerne unbedingt die Emulgatoren Monocerid und Diglycerid dazu. Etwas Zitronensäure als Säuerungsmittel, den Konservierungsstoff Natriumnitrit und bitte alles mit etwas Buchenholzrauch versehen. Das Antioxidationsmittel Ascorbinsäure versteht sich von selbst.

So, und dann nehme ich noch eine Portion Truthahnbrustfleisch mit Speisesalz, Dextrose und Maltodextrin. Als Gewürz möchte ich Paprika, dazu das Verdickungsmittel Carrageen, Carboxymethyl-Zellulose und den Geschmacksverstärker Mononatriumglutamat.

Dazu bitte Brot und Butter sowie ein hartgekochtes Ei aus einer Legebatterie.«

»Warum denn das?«

»Damit die Hühner ruhigen Gewissens ins Jenseits befördert werden können, mit der Gewissheit, wenigstens in der Eierproduktion eine Daseinsberechtigung gehabt zu haben.«

»Verstehe!«

»Meiner Freundin bringen Sie bitte: Thailändische Garnelen, gemischt mit Miesmuscheln, Surimi-Imitat aus Fischmuskeleiweiß geformt. Weißfisch, etwas Trinkwasser, Weizenstärke, Hühnereiklar, Zucker und Speisesalz. Einen Hauch Reiswein, Pflanzenwein, Pflanzenöl und etwas Füllstoff Calciumcarbonat. Als Geschmacksverstärker hätte sie gerne Mononatriumglutamat, Krabbenextrakt, natürliches Krabbenaroma sowie die Farbstoffe echtes Karmin und Carotin. Dazu Pflanzenöl, Tintenfischringe, Lauch, Trinkwasser, Gemüsepaprika, Oliven, diese wiederum versehen mit dem Stabilisator Eisengluconat, Zucker, Weinessig, Speisesalz, Knoblauch, Gewürze mit Milchzucker. Mein Vorschlag als Verdickungsmittel wäre Xanthan.

Dazu bitte geröstetes Toastbrot.

Wir gehen davon aus, dass die Speisen bei Ihnen frisch sind.«

»Aber natürlich!«

»Gut. Zum Trinken hätten wir gerne eine Flasche des Gemisches aus: Wasser, Ethanol, Glycerin und Zucker mit diversen Säuren, Mineralstoffen und einem Hauch Spurenelementen. Wenn Sie diesem bitte noch Aromastoffe, wasserlösliche Vitamine, Eiweiß- und Stickstoffverbindungen hinzufügen würden. Und vergessen Sie nicht Methanol beziehungsweise gerne auch höhere Alkohole sowie Kolloide.

Die Polyphenole Resveratrol, Catechin, Quercitin sind ja von vornherein enthalten.

Und bitte eine Flasche Quellwasser dazu.«

»Sehr gerne. Ihr Essen wird in fünfzehn Minuten serviert.«

»Hast du schon die letzte Forschungsstudie über Polyphenolen gelesen?«

»Ja, und deshalb bin ich froh, dass du uns dieses herrliche Getränk bestellt hast. Primär wirken die Polyphenole als hochpotente Antioxidantien, das heißt, sie wirken Zellschädigungen durch Sauerstoffangriffe – den sogenannten freien Radikalen – entgegen. Einige von ihnen sollen auch gegen Krebs wirken. Denn für Katechin, Quercetin und vor allem für das Resveratrol konnte man in Experimenten für alle Phasen der Krebsentstehung, das heißt bei Initiierung, ein antikarzinogenes Profil feststellen.«

»Ja, und nicht zu vergessen, sie senken das LDL-Cholesterin. Dazu hemmen sie die Thrombozyten-Aggregation, das wiederum bedeutet, sie hemmen eine übermäßige Gerinnungsneigung des Blutes und beugen damit einer Thrombose vor.«

»Stimmt, hinzukommt, dass sie gefäßerweiternd und entspannend wirken. Senken also den Blutdruck und beugen Gefäßverkrampfungen unter Stresseinwirkung vor.«

»Bitte sehr, Ihre Getränke.«

»Danke.«

»Sehr zum Wohlsein, meine Liebe.«

»Zum Wohl. Hm, absolut leckeres Tröpfchen! Schade aber auch, dass die Zusatzstoffe in der Wurst so hoch sind. Wenn sie auch verhindern, dass das Fleisch zu schnell ranzig wird und sich unerwünschter Fett- und Gelabsatz bildet, so verstehe ich immer noch nicht die Vielzahl der Stoffe.

Ah, deine Brotzeitplatte mit Bierschinken, Bergkräuterschinken, grober Mettwurst und Putenpaprikabrust kommt und meinen Meeresfrüchtesalat hat sie auch dabei.«

»Sind Sie sich sicher, dass dieses Ei tatsächlich aus einer Legebatterie stammt?«

»Selbstverständlich, Bauernhofeier von glücklichen, freilaufenden Hühnern kauft unser Koch niemals. Das ist eine reine Kostenfrage. Ich wünsche den Damen einen guten Appetit.«

»Danke.«

Nichts ist schöner, als mit einer guten Freundin einen Lunch mit einem edlen Glas Rotwein zu genießen.

Kurz vor Weihnachten, dem Volk aufs Maul geschaut

Der Wecker reißt mich unsanft aus dem Schlaf. Ich will nicht aufstehen, bin noch hundemüde. Einmal ausgiebig strecken, um die Knochen zu sortieren. Ganz vorsichtig schiebe ich die Füße unter der Bettdecke hervor, es ist kalt. Ein kurzer Blick auf das Thermometer bestätigt: minus 1,5 Grad.

Das Auftreten tut höllisch weh. Mein Fußgelenk ist wieder einmal angeschwollen. Warum? Wenn ich das wüsste, sogar den Ärzten ist es ein Rätsel. Es kommt und geht, wie es lustig ist.

»Guten Morgen«, schallt es mir entgegen.

»Moin, ich weiß noch nicht, was an diesem Morgen gut sein soll«, knurre ich zurück und verschwinde sogleich im Bad. Ich bin bekennender Morgenmuffel. Nicht ansprechen, keine schwierigen Fragen stellen, bevor nicht der ersten Kaffee intus ist. Entsetzt erblicke ich mein Konterfei im Spiegel, mein Gesicht ist auch geschwollen, verdammtes Rheuma.

Die trockene Luft im Wohnzimmer ist zum Umfallen. Ich schalte den neuen Luftbefeuchter an und reiße die Fenster auf.

»Warum hast du das Gerät denn nicht angeschaltet?«, frage ich mein Nebengeräusch, der schon wieder emsig am PC klebt und an Gedichten feilt.

»Hallo?«, wiederhole ich, nachdem die Antwort ausbleibt.

»Wie bitte? Ich hab nicht zugehört.«

Typisch Mann, ohne Worte.

Jetzt regt mich auch noch die Fußbodenheizung auf, die ausschließlich mit Nachtstrom funktioniert. Ich möchte heizen, wenn es nötig ist, und ich möchte einen Specksteinofen, der kuschelige Holzwärme produziert.

Mal sehen, was der Stromverbrauch nach dem ersten Winter in der neuen Wohnung sagt. Strom soll ja zum Jahresanfang 2012 wieder teurer werden und wen wundert es, den Großindustriellen sollen die Stromkosten erspart bleiben, um die Umlagen auf die Kleinunternehmen und Privatleute zu verteilen. Vielen Dank! Die Stromkosten der Großabnehmer übernehmen wir doch gerne.

Da fällt mir der Benzinpreis ein. Ist das Barrel Öl nicht schon seit Längerem recht günstig? Oh, Entschuldigung, liebe Regierung, ich verdrängte soeben, dass ihr mit der irre hohen Benzinsteuer euren Staatssäckel ganz schön füllt. Unsere Steuerabgaben sind schließlich nicht nur zur Schuldentilgung anderer EU-Länder gut.

Übrigens stand letzte Woche in der Zeitung, dass das Aufdrehen des Wasserhahnes ab 2012 auch teurer werden soll. Wasser, Strom, Lebensmittel, Steuern, alles schlägt auf. Wer soll das bezahlen? Und wovon? Von den knapp zehn Euro Rentenerhöhung meines Poeten? Chef, ich brauch mehr Geld!

Also, ich für meinen Teil kann mir keine private Altersvorsorge leisten, weil ich dafür keinen Cent übrig habe. Und wenn, wo sollte ich ansparen? Bei den Banken, die suspekte Anleihen anderer Länder aufkauften und jetzt selber ganz schön mies dastehen? Bei Unternehmen, die unsere Gelder auf dem Aktienmarkt verspekulieren, oder doch lieber bei einer Gesellschaft, wo die Vorstände dicke Gehälter raustragen und kurz vor der Pleite den Job wechseln, weil sie eh noch eine Vorstandschaft in einem anderen Unternehmen innehaben?

Meine Generation ist übel dran.

Der Kaffee ist fertig. So ein Kaffee wirkt überaus erquickend und labend. Vollmundig und verflixt heiß.

Was sagt NTV am frühen Morgen?

Der Herr Von und Zu äußert sich über die deutschen Politiker. Aha.

Viele glauben zumindest, dass er als fähiger und von etlichen Wählern gemochter Politiker systematisch abgesägt wurde. Der einfache Mann interessiert sich nicht wirklich für Fußnoten, er will Taten in der Politik sehen. Die Aberkennung seines Doktortitels war vermutlich richtig, aber deswegen Rücktritt? Andere Politiker haben auch Doktortitel. Schreiben tatsächlich nicht mehr ab? Oder sind die anderen Doktoren zu unwichtig oder womöglich zu wichtig? Und was ist mit den Professoren, die diese Arbeiten lesen, um danach zu entscheiden, ob *sie* oder *er* sich des Titels als würdig erweist? Sollten diese nicht als erste merken, dass sich im Text Plagiate befinden? Warum werden die Professoren aus der Verantwortung herausgenommen? Als Bundesminister für Wirtschaft oder als Verteidigungsminister hat der Freiherr meist einen guten Job abgeliefert mit klaren Ansagen, jedenfalls erweckte es beim Volk diesen Eindruck. Wer da im Bundestag wohl Fracksausen bekam? Wem war sein Aufstieg zu steil? Ja, wer sucht, der findet. Das war schon immer so.

Eilmeldung im Ticker: Er kommt, im neuen Outfit, zurück. Oh ja, auf in eine neue Runde!

Ich muss los, sonst fährt mir der Bus vor der Nase weg. Schnell noch in die Stadt zum Drogeriemarkt und zum Kartenbüro, bevor es auf die Arbeit geht.

Da ist es wieder, wie so oft in letzter Zeit. Heute wieder einen super Fahrer erwischt, der bei dunkelgelb über die Ampel schürt, um dann in die Eisen zu steigen, weil vorne ein Fahrschulwagen nicht vom Fleck kommt. Die arme Dame, deren Rollator aus den Händen glitt, um sich rollend zu entfernen.

Aus dem Bus raus, stolpere ich über die ersten zwei Bettler, welche die Innenstädte in der Vorweihnachtszeit belagern. Organisierte Gruppen aus den Ostländern. Solche, die armselige, hilflose Menschen frühmorgens in den Städten abkippen und abends wieder einsammeln. Der Großteil des Geldes wird ihnen abgenommen und wehe, sie erbetteln nicht genug. Warum unterbindet das eigentlich niemand? Das ist menschenunwürdig. Alle denken, in der Vorweihnachtszeit gehen die Herzen auf und die Menschen sind in Spendierlaune. Sicher, die Reichen, und es gibt erstaunlich viele davon, die könnten spenden, aber tun sie es auch? Bereits als Kind wurde mir eingeimpft, dass man von den Reichen das Sparen lerne. Natürlich gibt es Ausnahmen.

Bis ich meine Runde durch die Stadt gedreht habe, starren mich sechs bettelnde Menschen an. Nein, ich gebe nichts, denn Strom, Wasser, Benzin, selbst die Busfahrkarte, alles wird teurer.

Und außerdem möchte ich einen Specksteinofen, der kostet auch Geld, also ist Sparen angesagt.

Da geht man arbeiten, hat einen verantwortungsvollen Job, der auch noch Spaß macht, alles für einen Lohn, der leider der Armutsgrenze bedrohlich nahe kommt.

Ja, wirklich, letztens kam im Fernsehen, dass das Einkommen eines Vollbeschäftigten bei mindestens 1.800,00 € brutto liegen müsse, um einigermaßen auszukommen. Davon träumt mancher Papiertagelöhner nur. Leistung wird gefordert, aber ungenügend honoriert. Wo soll das noch enden?

Ich darf gar nicht an meine Rente denken, falls ich je eine bekommen sollte. Vielleicht muss ich dann den Kitt aus den Fenstern nagen? Gehen würde das, denn es sind Holzrahmen. Aber dann ist die Isolierung weg und es zieht. Also, dann ebenso betteln gehen?

Die Riesterrente bringt auch nicht so viel, wie einmal versprochen wurde. Hauptsache, der Konzern verdient genügend an unseren Einzahlungen. Allerdings könnten einige von uns mit sechsundsechzig Jahren ruhig ins Gras beißen, dann sind sie während der Arbeitszeit verstorben, wischen ihrem Chef eins aus und ersparen dem Staat die Rentenauszahlung.

Ich stelle mir gerade eine siebenundsechzigjährige Verkäuferin mit Arthrose und Dreipunktgehstock in einem Laden vor, die eine zwanzigjährige

Kundin modisch berät. Kommen sich beide Parteien nicht blöd dabei vor? Oder der neunundsechzigjährige Automechaniker, der seinen Kopf kaum noch drehen kann, aber dennoch in der Grube steht und dir zitternd sagt, dass der Unterboden deines Autos durchgerostet ist? Ehrlich, wenn die Politiker bis in die siebzig arbeiten, verstehe ich das. Die Belastungen, denen sie standhalten müssen, beschränken sich doch wohl eher auf den Kopfbereich. Und Gehirntraining hält bekanntlich fit, auch wenn der *Herr* öfter Hirn regnen lassen sollte.

Ich biege um die nächste Ecke und werde von einem ausgestreckten Arm aufgehalten. Ein Bibelheftchenverteiler. Ich hole tief Luft. Mein bitterer Blick genügt, damit er seinen Arm zurückzieht. Ich muss keine Bibelheftchen lesen, solange die Kirche schwarze Schafe deckt. Eben, *die* sind auch nur Menschen und nicht weniger besser oder schlechter als andere große Dienstleistungsunternehmen. Realitätsfremd sind sie zuweilen auch noch. Nein, ich habe nichts gegen die Kirche, sie unterhält herrliche Bauwerke, die von bemerkenswerten Architekten, Bildhauern,

Malern und geschichtsträchtigen Bauherren errichtet wurden. Ich liebe diese Gebäude und halte mich gerne im Inneren auf. Alleine.

Endlich im Kartenbüro angekommen, bekomme ich reibungslos die Eintrittskarten für das Weihnachtskonzert. Wie, ich muss mich einmal nicht aufregen? Das ist sehr angenehm.
 Jetzt heißt es, sich beeilen, um nicht zu spät zur Arbeit zu kommen.

Nach dem dritten Anlauf startet heute mein Computer. Heute schon nach dem dritten Versuch? Ich bin begeistert. Sollte auf einen externen Server zugreifen, um dort ein bestimmtes Programm öffnen zu können. Ich warte und warte ... Irgendwann bin ich drin.
 Die Änderungen sind schnell gemacht, der Ausdruck dauert und dauert. So geht das nicht. Schimpfend auf das schlecht bis gar nicht funktionierende Arbeitsmaterial verlasse ich das Büro, um eine Tasse nicht schmeckenden Kaffees zu holen.
 Die Notrufklingeln werden heute sehr oft benutzt, zu oft. Wenn es sich denn um Notrufe im

Sinn von *Notruf* handeln würde. Aber, zum Kuckuck, doch nicht, weil jemand fragen will, wann es Abendessen gibt! Nach sechs Stunden ist für heute Feierabend. Ich ziehe meine Jacke an, schnappe die Post und bin eigentlich schon lange weg, als ein Notruf bereits zum x-ten Mal in diesem Monat aus einem Aufzug ertönt. Ich hoffe, es ist jemand versehentlich auf den Knopf gekommen. Leider stirbt meine Hoffnung ziemlich schnell. Nach einer Viertelstunde sind die Leute wohlbehalten raus und ich habe meinen Bus verpasst.

Ich friere ewig an der Bushaltestelle. Der vierziger Bus kommt nicht. Der Fünfziger gleicht einer Sardinenbüchse, und diese Düfte. Man müsste Weltmeister im Luftanhalten sein. Vielleicht mutiere ich irgendwann zum Samariter, indem ich Seifenstückchen mit Gebrauchsanweisung verteile.

»Halloo. Ich bin wieder zu Hause! – Hallo?«
 Keiner da, auch gut. Hunger breitet sich aus. Diese üblen kleinen Tierchen, die sich nachts im

Kleiderschrank verstecken und die Kleidung enger nähen, lechzen nach Nachschub.

Wo habe ich meine Wahleinladung hingelegt? Am Sonntag ist Volksabstimmung über das umstrittene Bahnprojekt *Stuttgart 21*. Soll das Land Baden-Württemberg aus dem Gesetz um die Beteiligung an dem milliardenschweren Bahnprojekt aussteigen oder nicht? Was also bedeutet, wer gegen den Bahnhofsbau ist, muss *Ja* ankreuzen, wer dafür ist, *Nein*. Geht es vielleicht noch etwas komplizierter? Am Ende wundern wir uns sowieso, warum immer mehr Gelder im *Untergrund* verschwinden.

Oh, Nachrichtenzeit!

In der Commerzbank laufen interne Wetten um deren Untergang. Und so etwas wird von der Politik geduldet?

Unglaublich!

Ich schalte den Kasten sofort wieder aus.

Mir reicht es für heute.

Auf der Autobahn

Morgens acht Uhr, Autobahn A 8 Karlsruhe – Stuttgart.

Wieder stehe ich im Stau wegen dieser verhassten Marathonbaustellen. Kurz vor Karlsbad, nichts geht mehr.

Ich stehe eingekeilt zwischen einem SUV in nachtblau vor mir und einem knallroten Opel Corsa, Marke »Asbach«, hinter mir. Linkerhand ein dicker Daimler mit Opi am Steuer. Als er einen Meter schneller vorwärts kommt als ich, grüßt mich sein Wackeldackel aus dem Heckfenster nebst Barbie in der Häkelrolle.

Seit Wochen der gleiche Mist – gleiche Zeit – selbe Strecke – anderer Stau!

Auf SWR dudelt gerade *Highway to Hell*, wie treffend!

Ein Blick in den Rückspiegel verrät mir, mein Hintermann hört denselben Song wie ich. Seine Gesichtsgymnastik ist eindeutig. Aber zu allem Übel verschwindet sein Zeigefinger in der Nase!

Ich überlege, ob ich mit gleicher Gestik ihn darauf aufmerksam mache. Es ist eine Zumutung für jeden, der diese Szene unfreiwillig beobachtet. Klar könnte ich wegsehen, aber das ist mein Auto, mein Rückspiegel, und da schaue ich hin, wo ich will!

Mein Blick richtet sich nun durch die Heckscheibe meines Vordermannes. Wohl ein verkappter Schönling oder so. Intensiv kontrolliert er den Sitz seiner fülligen Haarpracht. Jetzt streicht er ganz zärtlich mit der rechten Hand über sein Kinn, testet wohl, ob die morgendliche Rasur geglückt ist.

Er grinst mich an. Will er flirten?

Der ältere Herr neben mir steckt sich gerade eine dicke Zigarre an und rückt seinen abgewetzten Hut gerade. Im Nu steht der Daimler unter Dampf.

Erschrocken blicke ich wieder in den Rückspiegel. Was hat der Typ bloß in seiner Nase entdeckt? Ich kann aber auch nicht einfach woanders hinsehen.

Der SUV-Fahrer hingegen hat sich zurückgelehnt und die Augen geschlossen. Und plötzlich, wie aus heiterem Himmel, taucht der Kopf seiner Beifahrerin auf. Ich starre wie angewurzelt, was der Sonnyboy mit einem Grinsen in seinen Rückspiegel quittiert. Verlegen blicke ich zur Seite.

Auf der linken Spur rollt der Verkehr an mir vorbei, nur rechts tut sich nichts. Ich stehe grundsätzlich auf der falschen Spur. Genau wie an den Kassen im Supermarkt. Dort stehe ich auch immer an der Kasse, an der mein Vordermann sein Sammelsurium an Kleingeld loswerden möchte oder die Kassiererin nach einem Storno klingelt. Es ist einfach zum Mäusemelken!

Im Schneckentempo zieht ein Ferrari vorbei, die blonde Fahrerin erweckt den Eindruck von jung und dynamisch. Sicherlich ist sie von Beruf Tochter, wie sonst könnte sie sich so ein Auto leisten? Falls es überhaupt bezahlt ist.

Ein Blick auf den Tacho verrät mir: Tatsächlich schon dreihundert Meter weiter, und das in zwanzig Minuten. Jeder Formel-Eins-Fahrer würde vor Neid erblassen!

Meine Augen suchen den Schönling. Nanu, der Beifahrersitz scheint wieder leer zu sein. Gespannt fixiere ich seinen Spiegel. Er lacht mich an, der Schönling. Unglaublich! Unwillkürlich schüttle ich mit dem Kopf, was ihn dazu animiert, mir einen Handkuss zuzuwerfen.

Links neben mir kommt ein Dacia zum Stehen. Der kleine Mann auf dem Kindersitz winkt mir freundlich zu. Ich lächle, winke zurück. Als Dank streckt er mir in ganzer Länge seine Zunge entgegen. Mit zusammengekniffenen Augen fixiere ich ihn und schneide eine Fratze.

Dem Dacia folgt ein weißer Berlingo, aus dessen Fond ein Dalmatiner in meine Richtung hechelt. Ich mag Dalmatiner, drehe meinen Kopf und mache Faxen mit dem Hund. Drolliges Kerlchen, neigt er doch seinen Kopf, um es dem meinigen gleich zu tun. Freudig leckt er die Seitenscheibe ab, worauf sein Herrchen stark gestikulierend mit ihm schimpft.

Endlich geht es auf meiner Spur weiter.

Mein Vordermann scheint sich so in Ekstase zu befinden, dass er es nicht bemerkt. Voller Schadenfreude drücke ich auf die Hupe. Mit leicht verzerrtem Gesicht schreckt er hoch.

Jetzt grinse ich! Während ich mir lachend vorstelle, was im Wagen vor mir gerade passiert sein mochte, setzt sich die Blechlawine auf meiner Spur zügig in Bewegung, entlang an den nun stehenden Autos links.

Vorbei an dem kleinen Rotzlöffel im Dacia, der mich jetzt keines Blickes mehr würdigt.

In Höhe von Barbie und Wackeldackel im dampfenden Daimler erreiche ich die Abfahrt.

Nur noch durch drei Baustellen hindurch, auf denen ich selbst mit großer Anstrengung nur einen einzigen Pseudoarbeiter entdecken kann.

Noch einmal zwanzig Minuten später, sechs rote Ampeln und sechshundert Meter weiter, sitze ich endlich mit einem starken Kaffee im Besprechungszimmer meines Chefs. Gemeinsam ereifern wir uns über die morgendlichen Staus, betrachten dabei immer wieder ungeduldig die Uhr.

Er müsste doch längst da sein, unser neuer IT-Manager.

Einen weiteren Kaffee später steht er vor mir, der schöne Mann aus dem nachtblauen SUV. Ich strahle ihn an, stelle mich als Assistentin der Geschäftsleitung vor und begrüße ihn zum ersten Arbeitstag.

Sein Kopf mutiert explosionsartig zur Tomate.

Athene

Pylos, ein mittelgroßes nettes Kleinstädtchen an der Navarino-Bucht auf der südlichen Peleponnes, ist mein Zuhause.

Mein Herrchen gabelte mich im Alter von sechs Wochen auf der Straße auf und verpasste mir den göttlichen Namen Athene.

Ich bin ein reinrassiger griechischer Straßenhund mit blauen Augen, schwarzem Fell, weißen Pfoten und weißer Schwanzspitze. Bin gut gebaut, dezent zu schlank – was definitiv der momentan mangelnden Ernährung zuzuschreiben ist –, und ich kann gucken, sag ich euch. Ich begegnete einmal einem Deutschen Dackel, sein Blick war grandios – genauso gucke ich!

Unweigerlich wurde ich erwachsen, kam vom Welpenalter in das Flegelalter. Dies war die Zeit, in der sich alles änderte. Nachts, wenn vor dem Tor ein schmucker Rüde saß und mir Avancen machte, rastete mein Gebieter erzürnt aus. Er schimpfte, was sein Vokabular hergab, trat mich, entzog mir das Futter.

Kann man das verstehen?

Als sich dieses Spiel sieben Monate später wiederholte, schmiss er mich kurzerhand raus. Mein Verehrer stellte mir ein paar Tage durch das Dorf nach, wurde zu meinem Liebhaber, und war verschwunden, als er bemerkte, dass sich Nachwuchs ankündigte.

Ich schlich vorsichtig nach Hause und durfte tatsächlich ins Haus. Herrchen verwöhnte mich, wie er es früher getan hatte. Jedoch hielt der Luxus nur bis kurz vor dem Wurf. Wir fuhren im Auto hinter das knapp sechs Kilometer entfernte Gialova. Stoppten inmitten des Naturschutzgebietes, das ich bisher aus der Ferne kannte. In der Nachbarschaft gab es einen Campingplatz, einen kleinen Bach mit Süßwasser und weiter nichts als Sand, Meer und tausende Moskitos. Mein Familienoberhaupt schleppte einen alten Karton und eine Decke in eine halb zerfallene Gartenlaube und verschwand.

Da saß ich, die göttliche Athene. An einem fremden Ort. Vor lauter Aufregung setzten die Wehen ein.

Drei Babys bekam ich zügig hintereinander. Hunger und Durst begannen mich zu quälen. Vier

Tage hoffte ich, Herrchen würde uns wieder holen, aber nichts dergleichen geschah.

Dieser starrsinnige Ignorant begriff nicht die Sorgen eines stolzen Hundes. Im Prinzip hatte er keine Ahnung von einer verletzlichen Hundeseele, sonst hätte er mich wohl kaum ausgesetzt. Verstoßen, wie einen pestgeplagten Aussätzigen.

Den Tod vor Augen, sah ich mich gezwungen, nachts vorsichtig über den Campingplatz zu schleichen, um nach Essensresten zu suchen. Was die Menschen alles wegwarfen – jedenfalls konnte ich mich damit solange über Wasser halten, bis meine Zwerge ebenfalls Hunger anmeldeten.

Der erste Familienausflug endete erneut auf dem Campingplatz, da in den hinterlassenen Müllbeuteln und Plastikbechern am Strand und Straßenrand nichts Verwertbares zu finden war.

Wir hatten Glück und wurden lieb aufgenommen, gehätschelt, getätschelt und verwöhnt. Drei Wochen fehlte es uns an nichts. Hoffnung keimte, eine neue Menschenfamilie gefunden zu haben, die ich bewachen durfte, wurde jedoch schnell eines Besseren belehrt. Aus unbegreiflichen Gründen verjagte uns unsere vermeintlich neue Familie, sie warfen mit Schuhen nach uns.

Total verstört hetzte ich mit meinen drei Babys davon und versteckte mich.

Als ich tags darauf zum Campingplatz zurückkehrte, waren die Menschen weg. Andere dafür da. Hier flogen mir zur Begrüßung Steine um die Ohren. Mit eingezogenem Schwanz suchte ich das Weite, konnte es nicht fassen.

Ungerechte Welt.

Wo waren die lieben Menschen hin, warum haben sie uns nicht mitgenommen? Begriffen sie nicht die Notwendigkeit, einer ausgesetzten Hundefamilie zu helfen? Womit stopfe ich meine sechs Wochen alten Hundemäuler?

Ich war verzweifelt und sah mich schon als einen Streuner herumirren. Dabei kann ich es nicht leiden, in Abfällen zu wühlen oder angstvoll zu betteln.

Ein paar Tage vergingen, bis ich allen Mut zusammennahm und am frühen Morgen versuchte, mein Zuhause in Pylos zu erreichen. In Gialova traf ich auf meinen Ex-Liebhaber und musste mich ihm kräftig zur Wehr setzen. Die Menschen sollten ihn kastrieren, dann wäre von seiner Seite her die Gefahr gebannt. Dass dies funktioniert und zu unserer Gesundheit beiträgt, ist allgemein unter uns Hunden bekannt. Aber nein, Männer darf man nicht entehren. Schwachsinn! Ob Herrchen mich und meine Welpen bei sich wohnen lässt? Bringt er mich zur Sterilisation zum Tierarzt? Ich wünschte es mir, denn unter solchen Bedingungen macht Muttersein keinen Spaß.

Völlig am Ende meiner Kräfte schaffte ich es, Pylos in sengender Mittagshitze zu erreichen, bellte so lange, bis sich die Türe endlich öffnete. Er sah mich an, als hätte er einen Anflug von schlechtem Gewissen. Mein Herz schlug freudig schneller.

Es folgten Wasser und eine riesige Portion Futter. Nach einer kurzen Erholungsphase wollte ich erneut weg, zu meinen Babys. Herrchen ließ mich aber nicht raus. Jetzt begann ich sauer zu werden, zerlegte Kissen und Decken in Einzelteile, was ihm kräftig missfiel. Wie vermutet, dauerte es nicht lange, bis sein Jähzorn siegte und er mich zurück in die zerfallene Hütte brachte.

Voller Entsetzten traf ich nur noch zwei meiner Kinder an. Eine Blutspur ins Bambusschilf machte mir klar, dass der Fuchs hier gewesen war. Dieser beäugte unsere Anwesenheit schon die ganze Zeit mit Misstrauen, eigentlich war es seine Behausung.

Kampf der Tiere ums Überleben?

Trauer und Wut stiegen dramatisch an, drohten Überhand zu nehmen.

Meine kleine Lady war leicht verletzt, nichts Schlimmes. Und Junior – was zum Henker hatte Herrchen mit Junior vor? Er drehte und wendete ihn, herzte meinen kleinen, frechen Rüden, packte ihn ins Auto und fuhr davon.

Und wir?

Was ist mit uns?

Ich hasse ihn!

Mit meinem letzten Baby wanderte ich abermals zum Campingplatz. »Hallo, Menschen, hier sind zwei liebe Hunde, die nichts für ihr Schicksal können. Hilft uns jemand?«

Streicheleinheiten am Strand, Worte wie »oh, wie süß, niedlich«, mehr nicht.

Da, endlich, erbarmte sich noch jemand: Wasser, Fressen, gefolgt von Unfassbarem. Nach der Mahlzeit flogen erneut Schuhe.

Warum? Was ist das für eine Welt? Erst Freund, am Ende Feind.

Sterben, gleich hier vor aller Augen, kommt mir in den Sinn, aber wie? Verhungern und verdursten will ich nicht!

Ich bin ein gut aussehender, stolzer griechischer Straßenhund mit einem göttlichen Namen, der mir nichts nützt.

Ich bin ratlos.

7 aus 53

Sicher haben Sie schon bemerkt, dass Speisekarten in letzter Zeit ein degoutantes Aussehen angenommen haben.

Zu verdanken ist dieser optische Frevel der neuen Lebensmittel-Informationsverordnung. Diese regelt in der Europäischen Union die Kennzeichnung von Lebensmitteln und wurde schon im Oktober 2011 beschlossen. Sie beinhaltet die Allergenkennzeichnung auch bei loser Ware und gilt nun doch schon ab Dezember 2014 verbindlich in allen Mitgliedsstaaten der EU. Alle nationalen Verordnungen verloren damit ihre Gültigkeit.

Im Klartext bedeutet dies eine Kennzeichnungspflicht für Köche, Gastronomie, Catering, Fleisch- und Wursttheken.

Wann waren Sie das letzte Mal bei Ihrem Metzger? Fanden Sie die Wurst in der Theke oder waren Sie lediglich in der Lage, Bruchstücke dessen, was Sie kaufen wollten, in Augenschein zu nehmen, weil der Rest mit Produktinformationsaufstellern zugestellt war?

Nahmen Sie auch den Produktinformationsordner, worin Sie alle erhältlichen Lebensmittel auf Inhaltsstoffe, wie Zusatzstoffe und Allergene, prüfen und nachlesen können, von der Theke?

Sie erschraken kurz über dessen Gewicht, um gleich darauf an dem seitenweisen Fachchinesisch zu resignieren? Ich gratuliere Ihnen, Sie haben sich einen Schritt weiter in die Welt der Bürokratie hineingewagt.

Die Umsetzung stellte für alle in der Praxis eine enorme Herausforderung dar. Unzählige Stunden vergingen mit Sortieren der Kennzeichnung. Sinnvollere Arbeiten blieben auf der Strecke. So manch einer wunderte sich bei dieser Gelegenheit, was in einem Lebensmittelprodukt alles enthalten sein kann.

Haben Sie sich auch schon gefragt, was in einer *Mandarinen-Sahneschnitte* oder einer *Schwarzwälder-Kirsch-Schnitte* aus der Frosttheke die Nummer 49, also Lupine und Lupinenerzeugnisse, zu suchen haben?

Ist doch ganz simpel: Die Lupine ist reich an Eiweiß und Ballaststoffen, wird eigens zur Lebensmittelherstellung gezüchtet. Man findet sie ebenso oft im Backwerk wie an Autobahnhängen oder dem Garten Ihres Nachbarn.

Nun hat aber diese nett aussehende Pflanze, die im Übrigen zu den Hülsenfrüchten zählt, schon schwere allergische Kreuzreaktionen ausgelöst. Aber was erzähle ich Ihnen; sollten Sie Probleme mit Sojabohnen und Erdnüssen haben, wissen Sie das und sind bestens informiert.

Wenn Sie beim nächsten Besuch Ihres Lieblingsbesens oder auf gut fränkisch, Ihrer Heckenwirtschaft, einen Wurstsalat möchten und die Nummern 45 und 46 für Sellerie- und Sellerieerzeugnisse sowie Senf- und Senferzeugnisse entdecken, bitten Sie einfach den Wirt, die Brotzeit frisch zuzubereiten. Getrost können Sie damit auftrumpfen, dass in der zumeist verwendeten Lyoner die Ziffern 45 und 46 nicht vorkommen. Für Risiken und Nebenwirkungen, die der bis dahin als freundlich geltende Gastronom entwickelt, machen Sie mich bitte nicht verantwortlich.

Bevor Sie nun das nächste Mal ein Restaurant besuchen, muss ich Ihnen von einer Essenbestellung erzählen, die ich kürzlich miterleben musste. Am Nebentisch saßen zwei Damen, die ich peinlicherweise flüchtig kenne.

Susanne ist Laborantin. Sie untersucht offene Lebensmittel auf Inhaltsstoffe und Allergene, prüft Fleisch und Wurst auf deren Reinheit.

Conny arbeitet in der Bundeszentrale für Verbraucherschutz und Lebensmittelkontrolle. Sie ist diejenige, die künftig den Betreibern von Metzgereien, Bäckereien, Küchen und Restaurants das Leben erschweren wird.

»Sag mal, Conny, verzeih meine Direktheit, welcher juristische Vollpfosten hat sich die Kennzeichnungspflicht für offene Speisen und Getränke ausgedacht?«

»Du warst schon immer charmant direkt.«

»Lenk bitte nicht ab, schau dir das mal an. Das ist keine Speisekarte mehr, das ist ein neuer Lotterieschein: *7 aus 53*.«

Als die Restaurantfachfrau, also die Kellnerin, kam, bestellten beide Damen den Produktinformationsordner.

»Haben Sie denn eine Lebensmittelallergie?«

Susanne meinte: »Ich nicht«, und an Conny gewandt: »Du?«

»Noch nicht, aber ich finde bestimmt etwas«, konterte diese.

Ist das nicht frech? Stellen Sie sich vor, Sie entdecken eine mögliche Lebensmittelallergie anhand einer Speisekarte. Ohne Worte.

Aber es kommt noch besser. Als nun Susanne die Bestellung aufgab, hörte sich das folgendermaßen an:

»Wir nehmen zweimal Gluten, Eier, Senf- und Senferzeugnisse mit einem Hauch von Lupine und Milcherzeugnissen. Als Beilage hätten wir bitte: geringfügige Spuren von Gluten mit Eiererzeugnissen und als Zweites, Gluten mit Spuren von Sellerie- und Sellerieerzeugnissen, das Ganze in Verbindung mit Milch und Milcherzeugnissen.«

Die Kellnerin blickte die Damen mit offenem Mund an, bis sie endlich ihre Stimme wiederfand.

»Wie bitte, was wollen Sie? Diese Chinesisch-Rückwärts-Bestellung versteht doch kein normaler Mensch.«

»Dann meine Liebe, wird es Zeit, dass Sie sich ausgiebig mit der Produktinformation Ihrer angebotenen Lebensmittel vertraut machen. Die EU-Kommission hat die Kennzeichnungspflicht nicht umsonst beschlossen. Qualifiziertes Personal sollte sich informieren, um nicht als unwissend auf die Menschheit losgelassen zu werden«, polterte Conny.

Die Kellnerin wirkte zusehends nervöser.

»Sie glauben doch nicht, dass irgendwer tausend Seiten kleingedruckte und schwachsinnige Zungenbrecher auswendig lernen kann. Da wird man ja allergisch!«

»Allergene, richtig. Genau darum geht es hier«, frohlockte Susanne.

Conny besänftigte: »Also, passen Sie auf, hier noch einmal unsere Bestellung anhand der Kennzeichnung, vielleicht klappt es dann. Wir nehmen 40, 42, 46 und 49. Als erste Beilage: 40 und 42, die zweite Beilage: 40, 45 und 51. Gerade habe ich mich noch für ein Dessert entschlossen. Bitte bringen Sie für mich: 1, 40, 42, 44 mit 51 bis 53.«

Die arme Restaurantfachfrau war nun doch kurz vorm Explodieren. »Selbstverständlich, für Sie lasse ich mir auch einfallen, wie ich kandierten Ingwer ohne Zucker herstellen kann!«

Nicht nur ich lauschte dieser Kuriosität. Sie rief auch den Betreiber des Restaurants auf den Plan, der unterstützend an den Tisch eilte.

»Die Herrschaften haben ein Problem mit der Kennzeichnung unserer Produkte?«

Susanne wandte sich dem gutaussehenden Mann zu: »Gott bewahre, nein. Wie kommen Sie darauf? Ihre Karte ist so vorbildlich gestaltet, die Kennzeichnungen direkt hinter dem Produkt, sehr löblich.«

»Verstehe, die Damen sind zum Scherzen aufgelegt. Können Sie sich aber auch vorstellen, was diese Verordnung meinem Küchenchef an Mehrarbeit kostet? Wie Sie sehen, haben wir eine täglich wechselnde Mittagskarte mit sechs verschieden Gerichten. Ich frage mich, wo fängt es an und wo hört es auf? Aber zur Sache, was darf ich Ihnen bringen?«

»Sie haben Recht, aber der Allergiker ist bestimmt über die Kennzeichnung erfreut. Bitte bringen Sie uns zweimal Hackbraten mit Bratensoße, Nudeln und buntem Gemüse. Als Dessert für meine Kollegin: Je eine Kugel Vanille- und Nusseis.«

Sicher finden Sie diese Geschichte lustig.

Das ist sie aber nicht. Es ist der ganz normale tägliche Wahnsinn. Bedenken Sie dies bei Ihrem nächsten Einkauf und haben Sie Nachsicht mit Ihren Dienstleistern, es sind auch nur Menschen.

Übrigens bin ich durchaus dafür, dass diese Verordnung überarbeitet werden sollte. Weg mit den Zahlen aus Menüplänen und Lebensmitteltheken. Bitte vergessen Sie nicht, wir reden über *lose* Lebensmittel. Dass die Kennzeichnung auf Verpackungen seine Berechtigung hat, steht hier außer Frage!

Bisher kommunizierte der allergische Gast oder Kunde, heute muss er sich die Inhaltsstoffe und die Erläuterung der Zahlen selbst heraussuchen. Bleibt dabei die zwischenmenschliche Freundlichkeit nicht irgendwo auf der Strecke?

Allergiker sind sich ihrer Unverträglichkeiten sehr wohl bewusst. Sie wissen genau, was sie essen und trinken dürfen und was nicht. Schließlich sind sie medizinisch darüber aufgeklärt und stehen nicht völlig ahnungslos da, wie es vielleicht das EU-Parlament darzustellen vermag.

Dazu fällt mir doch spontan ein: Sind wir nicht alle mündige Bürger?

Abzuwarten bleibt nun, wie eine Kennzeichnung mit der Ampel für gesunde und weniger gesunde Lebensmittel aussehen wird. Spätestens dann werden Sie wieder von mir hören.

Danke

Ich möchte recht herzlich meinen Freunden danken, die für Rat und Probelesen herhalten mussten.

Lieben Dank an meinen Autorenkollegen Volker Schopf für zahlreiche Tipps und an meinen Kollegen Michael Seidel für die Hilfe bei der Covergestaltung.

Ein großes Dankeschön geht an meine Freundin und Lektorin Uschi Gassler. Ohne deine Hilfe würde so manches nicht gelingen.

Quellen

In »Wenn die Arbeit zur Qual« wird:
Das Gedicht *Erkenntnisse* wurde freundlichst zur Verfügung gestellt von © Ernst Merz, Pforzheim.

In »Lunchbestellung zweier Freundinnen«:
Angaben zu den Inhaltsstoffen: Metzgerei Reiter/Augsburg, Metzgerei Böbel/Rittersbach. Angaben zu den Inhaltsstoffen in Rotwein: Deutsche Weinakademie, Weininhaltsstoffe. Goldberg DM, Soleas GJ, Levesque M, Moderate alcohol consumption; the gentle face of Janus. Clin Biochem. 1999.

In »7 aus 53«:
Inhaltsstoffangaben EDEKA, Metzgerei Pfrommer. Foto: © Cornelia Kaiser, Walzbachtal.

In »Athene« und der Danksagung:
Fotos: © Peggy Kramer, Rötha.

Weitere Werke

Meine Motorradreise über das griechische Festland und den nördlichen Teil von Euböa
Engelsdorfer Verlag, ISBN 978-3-86901-007-6

Meine Motorradreise nach Korfu & Lefkas
Mit Führerschein- und Anfängertücken
Engelsdorfer Verlag, ISBN 978-3-86901-412-8

Kurzkrimi *Tod im Rathaus* in der
Anthologie »Krimizeit Pforzheim«
Engelsdorfer Verlag, ISBN 978-3-86901-843-0

Kurzkrimi *Dreckige Deals* in der
Anthologie »MordsUrlaub«
Der Kleine Buch Verlag, ISBN 978-3-942637-20-6

Kurzkrimi *Das Geheimnis der Krypta* in der
Anthologie »MordsKarlsruhe«
Der Kleine Buch Verlag (erscheint im Frühj. 2015)